धड़कनों की दास्ताँ

Leela Singh

BookLeaf Publishing
India | USA | UK

Made with ❤ on the BookLeaf Publishing Platform
www.bookleafpub.in
www.bookleafpub.com

Dedication

To my beloved children,
whose strength, compassion, and quiet encouragement rekindled the poet in me. Your presence reminds me that words still have wings.
And to my grandchildren,
whose innocent laughter, curious eyes, and pure heart filled my world with new stories and old dreams. You are the rhythm behind my rhyme, the spark behind every stanza. Because of you, I found my voice again –
and this book is a tribute to that beautiful rediscovery.

Preface

Poetry, for me, has never been just about rhyme or rhythm - it has been about reflection. It is the quiet space where emotions find words, and memories turn into verses. For years, I carried thoughts, feelings, and stories in my heart - some too tender, some too fleeting.. until they began to flow onto the page like a long-awaited rain.

This collection is born from the journey of a woman who has lived many lives in one — as a devoted wife, a nurturing mother, and now, a joyful grandmother. Each role brought with it a unique shade of love, pain, learning, and inspiration.

But it was my children's gentle nudges and my grandchildren 's wonder-filled gaze that stirred the poet within me again.

Through these poems, I have attempted to capture the beauty of ordinary moments, the strength hidden in silence, and the emotions that often go unspoken. These are not just poems - they are fragments of life, preserved in ink.

I offer this book with a heart full of gratitude — to those who encouraged me, to those who inspire me, and to you, dear reader, who now holds my thoughts in your hands

Acknowledgements

With deepest gratitude, I extend my heartfelt thanks to all those who have been a part of this poetic journey. To my children - thank you for believing in my voice even when I had forgotten it myself. Your encouragement lit the first spark that brought me back to the world of words.

To my grandchildren - your innocent laughter, questions, and wonder-filled world have been the soul of many verses in this collection. You remind me daily that life itself is poetry.

Lastly, to my readers - thank you for opening your hearts to my words. May you find in these poems a reflection of your own stories, your own emotions, and your own quiet moments.

1. शक्ति

अस्त्र-शस्त्र, बल-छल की युक्ति
कायर - भीरु की ही है ये शक्ति।
कृतज्ञ- समर्पण ,दया-प्रेम भक्ति
जीवन-कार्य में जो देती है शक्ति ।
नतमस्तक रहती हूँ हरपल इस उद्गम- स्रोत के आगे ,
सिखाते रहते ये कि कर्म के साथ
जोड़ते रहो प्रेम - भाव के धागे ।
बचपन से ही सीखते रहो
ये भक्ति,बस यूँ ही प्रवेश होती
उनमे ये प्रेरणादायक शक्ति । करो नमन प्रणाम हृदय से
देते रहो मंत्रमुग्ध अभिव्यक्ति,
जिन्होंने भरे ये भाव और ये
कर्मठता उत्थान की शक्ति !
कभी ना भूलो उनको तुम
चाहे कैसे भी क्यों न हो स्थिति,
अनवरत प्रयत्न ही देती ये शक्ति!
धरती पर है जो हर कर्म -क्षेत्र में महान विभूति की हस्ती प्रार्थना श्रम
लाई उनमें ये शक्ति
बिना श्रम के आती नहीं ये भी भक्ति,
बस करते रहें हम प्रार्थना की शक्ति।

2. बचपन

झंकृत कर देती हैं अक्सर
आज भी यादें बचपन की ,
अपनी मर्जी अपना जीवन
ऐसे लगता था वो सफ़र ।
वो मिट्टी में खेलना - कूदना
दौड़- दौड़ के दुआरा-अँगना,
आइस- पाइस में ऐसे छुपना
साँसों को भी ऐसे रोकना ,
ऐसे ही हो जाता था व्यायाम
पता नहीं चलता था काम ।
बाग-बगीचे , जामुन - आम
ना चिंता ना कोई तामझाम ।
निर्भीकता,निडरता और पढ़ाई
बाबूजी ने प्यार से सिखलाई ,
उच्च स्तर की शिक्षा भी दिलवाई ।
कभी न होता था सूनापन
ऐसा चहल -पहल था बचपन!
फुर्तीली थी और खिलाड़ी
हर काम में ही हाथ घुसेड़ी।
माँ जो - जो करती जाती थी

मैं बस एकटुक देखा करती थी ,
खेल - खेल में ,दूर - दूर तक
खेतों-खलिहानों सिवानों तक ,
बाबूजी को भूंजा चना पहुँचाती थी ।
घर में सबसे छोटी थी,
पर थी मैं थोड़ी हठी
सबका कहना मन से करती थी
ऐसी थी मैं नटखटी ।
टेढ़ी - बोली गुस्से वाला
ना लोग थे मुझे पसंद ,
क्या पता था ऐसा बचपन
ऐसे ला देगा फिर पचपन ।
जी लो सारे ख़ुशी से जीवन
सदा खुशहाल हो सबका बचपन ।

3. प्रकृति के रंग रूप

प्रकृति के रंग रूप
कभी बड़ी ही लगती प्यारी
झमझम करती वर्षा न्यारी ,
गर्मी से बेहाल धरती को कैसे
मिलती थी ये भीगी राहत सारी ।
कुछ भी गाते भीग - भीग कर
अपने आँगन के हर कोने पर
तेज़ कड़कती बिजली और पानी
ऐसे करते थे अपनी मनमानी ।
तेज धार से आंधी - पानी ,
लगती कभी नहीं डरावनी!
बिन छतरी बिन जूते के ही
हम निकल पड़ते ऐसे ही
बाग - बगीचे , आम टिकोड़े
गिरते धम-धम , सिर को फोड़े,
फिर भी सजग सैनिक के जैसे
हम भरते थे अपने -अपने झोले ।
जब अनगिनत आम गिरता था साथ
हाए ! किसको पकड़े किसको छोड़ें
ऐसा मंजर ऐसी असमंजस बिसात

हृदयगति बस धक - धक बढ़े!
झोले बोरे लिए जब आते घर
माँ दरवाज़े पर मिली सदा तैयार ।
इतनी शाबाशी इतना प्यार
मिलती थी हमको बार - बार जैसे
हम जीत आए हों सारा संसार
प्रकृति से ये आँख - मिचौली
माँ ने ही हमको सिखलाई ।
सूरज को जल चढ़ाते थे
तुलसी जी को भी नहलाते थे
प्रकृति के सारे रंग रूप
चाहे बारिश हो या धूप ।
सोकर उठते ही प्रातः सुबह सवेरे
कर देखे ,किया प्रणाम तब पाँव धरे
छठ से लेकर चौथ की पूजा
सूरज चाँद हैं और न दूजा ।
पृथ्वी हमारी माता है हरा भरा रहे
ऐसे सुंदर भाव खेल खेल में भरे ।
आस पास तुम पेड़ लगाओ
उनको भोजन रोज खिलाओ
देते वे भर भर कर उपहार
सभी फ़सल ,धान हो या गेहूँ ज्वार ।
ऐसे ऐसे उपदेश मिले ना
शिक्षक ना कोई डाँट मिले
सब ज्ञान हमें प्रकृति के साथ मिले ।

4. पुस्तक

ज्ञान का है अतुलित है भंडार
मिलती प्रेरणा , उत्साह व प्यार,
बिन मारे सुने डाँट - फटकार
कुशल बनाए व होनहार ।
शीश झुकाओ करो नमन हर बार
पुस्तकों की महिमा है अपरम्पार!
जो गागर में सागर भरे
फिर गागर को सागर भी बनाए
सुख - दुःख में ऐसा जोश भरे
सत्यवादी ,पुरुषार्थी आचार बनाए ।
जैसी पुस्तक वैसा ज्ञान
कभी न करना अपना नुकसान
सदा पढ़ो ऐसी किताब
बन जाओ प्यारा इंसान ।
इंसानों की नहीं होती है पूजा
ज्ञानी पूजे जाते हैं न कोई दूजा ।
जो भी इनको मित्र चुना
जीवन में सफल महान बना ।
लगाते रहो मन पढ़ाई - लिखाई में
ऐसे ही पाओगे मोती गहराई में ।

तभी जगेगा अंतर्मन, होगा उन्नत देश
मिले सम्मान , हर देश कल में
जब ज्ञान का होगा समावेश ।
आज से और अभी से सोचो
मेरे देश के प्यारे - प्यारे बच्चों
तुमको ही देश बनाना है
वीर गौरव - गाथा सुनाना है
सभी मित्र से बढ़कर पुस्तक
सदा ही बनता है यह रक्षक ।
टी .वी.फ़ोन,मोबाइल से हटकर
बनो इस नादिया का गोताखोर।
सजग रहो एक प्रहरी जैसे
जब लगाओ पुस्तक पर पैसे ।
नैतिकता की पुस्तक पढ़ना
सुंदर होता जीवन संरचना।
वीरों के बलिदानों की गाथा
खून खौले पढ़के व ठनके माथा ।
ज्ञान का ये भंडार है
ये जाने सारा संसार है ।
धार्मिक,सामाजिक,आर्थिक कथा
या हो मार्मिक ऐतिहासिक व्यथा
सब कुछ ही इसमें पाओगे ।
ठान लो अब से ऐसे ही करना
देश को रोशन है तुम्हें है करना
असली हीरो ही तुम्हें है बनना ।

5. ख़ुशी

कहते हैं सब सुख - दुःख ही
बस नाम है इस जीवन का ,
ग्रहण करो जैसे जिओ तुम ,
बस वही पहचान है इसका ।
ख़ुशी को बाँटो तो दुःख में भी
तैरती रहती है मुस्कान ,
ऐसे ला दो भर दो सबमे
तुम वो बहुत क़ीमती जान ।
छोटी - छोटी बातों में भी
तुम हँसो हँसाया करो ,
व्यर्थ का बोझ कभी भी अपने
दिल को तुम दिया न करो ।
स्वास्थ्य ही धन ये सबने जाना
पर इसका क्या है राज़ न माना
ऐसा उमंग उत्साह सा रहता
जब प्रफुल्लित हृदय है हँसता।
सारे कार्य फट हो जाते हैं
जब भी चित्त प्रसन्न है रहता ।
खुशियों ने अक्सर किया कमाल
जब भी बिगड़े सबक़े हाल

कभी ये देकर देखो उपहार
ऐ कंजूसों मिटे तेरे कष्ट अपार ।
जो झूठे व हैं मक्कार
ख़ुशियाँ छीनते जो बारम्बार
ऐसे लोगों का है बेहतर
सुनकर बुरा भी दो न उत्तर ।
जो दुख सुनकर ख़ुश होते हैं
मन ही मन जो मुस्काते हैं
उसको वही विरासत में मिलता है
सदा ही वह कुढ़ता रहता है ।
मुस्काओ सदा ही पुलकित होकर
बस यही बदल देगा उनका तेवर ।

6. मित्रता

मित्र की बात कभी भी आती
प्रेम समर्पण साथ है लाती
कहते रहते लोग ये हरदम
हृदय समझनेवाला हो हमदम ।
सभी मित्र बिछड़ते जब बचपन का
घर बदले छूटता संग माँ -बाप का।
समय के साथ मित्र नए मिल जाते
पर बालसखा को हम भूल पाते ?
ये वो ऐसी दवा है समझो
प्रिय मित्र मिल जाता जिसको
भर जाती खुशियाँ हर मन को ।
व्यथित हो मन या हो बोझिल
ख़ुशी से भर जाता है हर पल ।
पर बयाँ नहीं कर सकते आज
मित्रता की परिभाषा और ये समाज
बहुत से रचते खेल तमाशा
मित्र बनकर देते जो निराशा ।
मेरा ऐसा अनुभव है जरा सुनो
कान खोलकर ऐसे तुम तनो
जो मित्र के सुख से जला-कुढ़ा

उससे सदा ही मन मेरा चिढ़ा।
कभी न करना अंधविश्वास
थोड़ा छली लगे जब साथ
न फटको उसके आसपास।
मैं तो न समझ पाई उसकी चाल
जब फैलाया वो मित्रता का जाल।
सारी ऐसी राज बतलाई
कमियाँ ही अपनी प्रकट हुई।
बस हुआ वही से खेल सारा
वह दूजा नहीं अपना था मेरा।
करना है तो आज के युग में
सोचो सँभलो,परखो संग में
कभी न करो इसमें शीघ्रता
बस तभी सफल रहेगी मित्रता।

7. औक़ात

जब कभी भी किसी जीव की
पूछी जाती है औक़ात ,
प्रलय - सा कोहरा छा जाता है
उसके अंतर्मन में ऐसी बात
अगर किसी महिला से पहले
होता था ऐसा चुभता प्रश्न ,
जो घर की चहारदीवारी में बस
रह जाती थी ख़ुश वो हुस्न ।
क्षण में हृदय विचलित होता था
फिर हो जाती घुटकर वो शांत ।
दिनभर वो बिन पैसे व लालच की
करती तन मन से ड्यूटी वो ख़ुद की
सुबह से लेकर रात तक घिसती
जैसे कुछ चक्की में पिसती ।
तब भी उनको मिला न आदर
मिलता रहा हर बार अनादर ।
इसी वजह से आज की नारी
थोड़ी पढ़ी - लिखी हो सारी
बनती जा रही ख़ुद पे वो निर्भर
नहीं कर ती सहती निरादर ।

मर्दो की अब बदली परिभाषा
मिलती नहीं नारी को निराशा ।
देखकरउनको स्वतंत्र और न्यारी,
हो जाते अब वो उनपर बलिहारी ।
जिसने उनको इज़्ज़त सत्कार दिया उनको पुरुषों ने हर बार दुत्कार
दिया
आज समय ने पलटा है खाया
उनको क्या है हाल दिखाया।
एक शब्द सुनने की क्षमता रही नहीं
अब ऐसी कोमल नारी बनी नहीं ।
शुरू से सुना - देखा ऐसा हाल
अब झट से कर देती जीना मुहाल ।
जैसे - जैसे करते वो हरकत
कर देती हैं वो वहाँ से शिरकत ।
ज़रा सी मीठी बोली हटी
आज की नारी बड़ी डटी ।
होगा प्रश्न का पुनः शुरुआत
पूछेगी नारी तेरी क्या औक़ात ।
तो कभी न करना ये तुच्छ बात
जिसमें शब्द भी आये क्या औक़ात ?

8. ख़ुशामद

कभी किसी की ज़िंदगी में
नहीं करती खुशामद
पर पढ़कर कुछ बनने की
लालसा लाँघ गई अपनी हद ।
बड़ी ही उलझन होता था
जब सब कुछ यूँ ही
बेचारी सी मैं सहती जाती थी
क्योंकि कलक्टर बनने की निष्ठा
और आस जो मैंने अपनाई थी
हुई नई पूरी वो आस
जो मैंने दिल में पाली थी
बड़ी कहानी लंबी है ये
इसके बस मैं ख़ाली थी !
पढ़ती गई दिया परीक्षा
एम. ए. भी किया पास
भरा फ़ार्म कम्पटीशन का
वो बना गले का फाँस।
हर बार हर दिन सहती ही गई
क्योंकि मैं सहती ही गई
आज ये ऐसा आलम है

सबको यही लगता हरदम
बड़ा ही अच्छा मेरा बालम है ।
अच्छा तो वो खूब किया
हर काम में मूड से कम किया ।
औक़ात से ज़्यादा खर्च किया
सुंदर बीबी को उपहार दिया
पर मुझे कहाँ ये भाता था
पर दिल ख़ुश होकर अपनाता था ।
फिर एक फ़ार्म भरा एल.एल. भी
रात जागकर मैंने पास कर डाला ।
उसमे भी अपना गुण दिखलाया
अहा ! अच्छे अंक से पास किया
जिला कोर्ट में जाना शुरू किया ।
बच्चे के पिता का हुआ ट्रांसफर
बदल गया फिर मेरा स्तर
सिर घूम सा फिर से घनचक्कर ।
साथ में तुमको चलना है
वहाँ भी तुम्हें सब संभालना है
बस यहीं नहीं है अंत
सुनते रहिए ये कथा अनंत।
पालना कभी ना ये तुम मद
कि करना पड जाए सदा खुशामद ।
मैंने तो बनी अपनों का हमदम
पर बुरा न लगे उसे तो की खुशामद

9. अरमान

सबके जीवन में कुछ तो
पलते हैं अरमान ,
कुछ बचपन से थोपी जाती
पर वो देते नहीं फिर ध्यान ।
मेधावी देख बच्चों को ये
कहना है बड़ा आसान
पूरा करने में ये पड़ेंगे
पत्थर पर निशान ।
तभी कोई सपना ले सकता
सही में सच्चा सुंदर आकार
तपस्या से तपकर ही
वो होता है सफल साकार ।
घर के काम उतना ही कराओ
ये विद्यार्थी न काम
यूँ ही पूरे नहीं होते किसी के अरमान
बचपन में भैया कहते थे
शायद यूँ ही निरंतर
बनेगी मेरी बहना देखो
एक दिन शानदार कलक्टर ।
जब भी जैसे भी उन्होंने बोल दिया

पर मैंने तब से ठान लिया
तभी से निष्ठा यत्न परिश्रम
मैंने भी देखो खूब किया ।
उनकी बातों को मैंने भी
दिल से सच मन लिया ।
जो भी कहता रहता है कि
इसको ये बनाना है तो
जोश , जुनून और जज़्बा भी
तुमको उनमें भरते रहना है ।
उनको समय अनुकूल मिले
आयेगा ऐसा अंतर
पर समय ने किया कुछ
खेल ऐसा मैं आई ससुराल के भीतर
अब वहाँ की रस्म निभाई है
जैसे बड़ों ने मुझे बतलाई है ।
बस सुनिएगा इसको कभी
फुर्सत में कैसे मैंने समय बिताई है ।

10. चुप्पी

सबकी अपनी प्रकृति या अपना स्वभाव दूसरे से न्यारी है
चुप्पी हरदम , हरपल इतना
बोलो कितनी भई प्यारी है ।
मानव जाति का ये वरदान
नहीं होता बदलना आसान ।
कुछ लोग ऐसे थोपते हैं ज्ञान
बीवी को भी ख़ुद के जैसा ही
उनको बनाना प्यारी है ।
उसके गुणों का जब होता बखान
जल जाती है ग़ज़ब की जान
पल जाता है भीतर उनके
उसको छीनने का चतुर प्लान ।
ऐसी आदत बड़ी भयंकर
और लत ये विनाशकारी है
बहुत कठिन लगता है जब तब
जीवन जीना कितना भारी है ।
क्षण भर में ऐसा करे व्यवहार
मौसम बदले हुए अत्याचार
फिर चुप्पी स्वतः हुई बरकरार।
जो हँसने हँसाने की आदत पाई है

उसके लिए ऐसा शख़्स कसाई है।
ऐसा नहीं कि है हरदम वो खामोश
पत्नी सर ना चढ़े दिखाते ये धौंस ।
कभी भी हक़ से निकले एक अक्षर
बस देखो हरदम रूप भयंकर ।
दो दिन ही जब बीत गए
पड़ा जरूरी काम
भूल गए चुप्पी ,बन गए महान
क्षमा माँगी निर्लज्ज होकर
गया कहाँ अभिमान ?
शान्ति प्रेम की चाहत
किसको नहीं है प्यारी
भूल गई वो बात भी पत्नी
दिल को लगा था अति भारी ।
तरह -तरह के उल्टे -सीधे विचार
मन में आते थे बार - बार
फिर भी माँ दुर्गा की
अवतारी राम कृष्ण की ,
व्यथा जीवन की याद आती
जब उसको पिता के ज्ञान की ।
बड़ा कठिन है वर्णन उनका
लिखना नहीं है आसान
बख्शा नहीं लोगों ने जब
सीता राम - कृष्ण भगवान ।
बचपन से चुप्पी लगती थी मनहूस
जैसे अपराधी खिला रहे हो घूस ।
जो छीनते ख़ुशी बड़ी जान

वो सोचें, बढ़ता है आत्मसम्मान
बढ़ती ही जाती है गर्व व स्वाभिमान
दो ना तुम ऐसा कष्ट किसी को
उन्हें अकेला निर्बल पाकर
भुगतोगे सारी करनी का फल
दसगुणा तुम ऊपर जाकर ।

11. चिंता

चिंता यूँ ही चली आती है
आज भी कुछ समझा जाती है
अनुभव से सीखो कुछ बातें
आई नहीं मैं यूँ ही सताने ।
सच ही उसकी बात लगी
फिर से चिंता मेरी लगी सगी
घुटनों का दुखना , कमर का नहीं
तुम तो सदा अपनी सोची नहीं ।
जब जब होता मुझे कभी कष्ट
फट से निकलती ये बात स्पष्ट
कभी ना देना तिनके भर भी
मेरे बच्चों को ऐसा भार
खुशहाली व स्नेह -प्यार
से भरा रहे उनका संसार ।
जैसे जैसे उम्र बढ़े चिंता आती अपार
सब कुछ उनको जीवन जीने की
बतला दूँ मैं मंत्र हज़ार ।
ये न सोचा वो तो मुझको ही
बार - बार समझाते यूँ ही
पलभर में झटक देंगे ऐसे ही

क्यों अपना ध्यान नहीं रखती हो ।
बचपन में फूलों की भाँति
माँ जब पाला करती है
छवि उनकी वही आँखों में
बचपन की घुमा करती रहती है ।
व्यस्त देखकर आज भी उनको
यही चिंता खाए रहती है
क्यों नहीं बच्चे जल्दी सोते
और प्रातः जल्दी ना उठते ।
दबी आवाज़ में कहती रहती
समय से सारा काम करो
समय से नाश्ता खाना करो
करके तुम रोज़ व्यायाम
सुबह सवेरे नित्य करो सूर्य प्रणाम ।
अगर होगा सेहत पर ध्यान
जीवन में ना कुछ और महान ।
अच्छी हो या बुरी हो चिंता
देकर जाती है ऐसी बात बता
माँ जब करती है ऐसी बात
वो चिंता नहीं मेरे बच्चे
वो है असली माँ का प्यार ।
मैं की नज़रों हर बच्चा
बड़ा कहाँ होता है ?
बस उनके पास ये चिंता
तभी क्यों कर आता है !
प्यारी चिंता आती रहना
अनुभव सदा सिखलाती रहना

बड़ा ही कीमती है तेरा साथ
प्यार समर्पण का बढ़ाओ हाथ ।

12. आतंकवाद का अंत

थर-थर रूह यूँ काँप -सा गया
सुनकर ही ऐसा नृशंस घृणित हत्या
कितनी निर्ममता से दिया अंजाम
पत्थर ही होगा जो ना पिघले इंसान
आतंवाद का विध्वंसक ऐसा कृत
पूरे भारत ने सुना,हृदयविदारक चीख
सुनकर गुहार रोना चीत्कार भी
जिसका मर्म ना डोले कभी
ऐसे ही कुकृत्यों वाले वो होते सभी ।
निरपराध लोगों का यूँ अंत
जब धरती पर होता अनंत
तब पैदा होते यहाँ पर भारी
शूरवीर राम -कृष्ण अवतारी ।
जो लेंगे चुन - चुन कर बदला
ख़ाली ना जाएगा पहलगाम हमला ।
घिनौना जघन्य वो हैं अनंकवादी
तो हम भी सच्चे वीर हैं सत्यवादी
देख रहे हैं ये खेल यहाँ के बच्चे बच्चे
उड़ जाएगा ऐ दरिंदे तेरे कई परखच्चे
अपना देश सदा ही नेक राह चलता

पर जो जैसा करता वैसा उत्तर देता ।
आंतकवाद की परिभाषा है क्या
बस ध्यान आकृष्ट करते और क्या
कायर होते धोखे से करते वार
निहत्थे लोगों का जो मिटाया संसार
जल्द ही मिलेगा उनको ज़ख्म हज़ार
मिलेगा हिंसा का अब सब उत्तर।
धैर्य न खोना कभी हिंदुस्तानी
छक्के खूब छुड़ायेंगे वो पाकिस्तानी ऐसा घाव देंगे काँप जाएरुह जमीर
भागेंगे वो दुम दबाकर अपना कश्मीर
जो रखेगा इसपे बुरी नज़र का तीर
फोड़ दो आँखें आतंकी को दो चीर ।

13. प्रेम

प्रेम के बिना कभी कोई जीवन कठोर,दयाहीन,मलिन होगा मन ।
जिसमे न होगा प्रेमभाव का मर्म
वो कभी समझ न अन्यका दर्द ।
प्रेम-भाव की उत्पत्ति घर से ही होती
अगर घर में प्रेम से परवरिश होगी
बच्चे वो सफल व्यक्तित्व के होंगे उनको बाहर उल्टे सीधे मित्र न होंगे
।
प्रेम से मतलब नहीं है भौतिक सुख तुम बनो उनका संस्कारी मित्र
खूब।
प्रेम से पलते है गर सब बच्चे
जो हैं राष्ट्र के भावी युवा सच्चे
इनमे जितना हम जो रंग भर दें
उनका जीवन क्यों न सुंदर कर दें ।
इनके कंधों पर ही अपनी शान है
युवा -पीढ़ी को सक्षम करना ही
सबका लक्ष्य, कर्तव्य हो अपना ।
प्रेम न्योछावर हर बच्चे पर हो इतना भूल जायें
बाहरी नक़ली प्रेम वो पहचाने असली प्रेम का चखना ।
प्रेम का नाम सुनते ही बड़े भी ऐसे सकुचाते हैं
जैसे वो भी नहीं जानते असली प्रेम की सुंदर भाषा और

क्या होती है सच्ची इसकी परिभाषा
माँ का प्रेम घर को सुखमय देता बना
वही बच्चा जब बड़ा हुआ पिता बना
उसने भी अपने घर को वैसे ही
सींचा खुशियों से प्रेमभाव का रूप खींचा ।
इस नफ़रत भरी दुनिया में कोई
है ना अच्छा है , ना सच्चा ही कोई ।
जैसे ही भरोसा होता हैटूट जाता भ्रम
तो तैयार रहो निष्ठावान बनो तुम
कोई भी न भटके पथ से बच्चा
इतने सुंदर संस्कार भर दो अच्छा ।
वीरों की गाथाओं को सुनाना है
राम कृष्ण वीरों की कथा सुनाना है
जो भी करता बुरा कर्म भयकंर
उसको बचपन से ऐसे कर्मों की
करने की शिक्षा मिली निरंतर ।
प्रेम -भाव एक पत्थर को भी
कर देता है पिघलाकर मोम भी
तो सबका दिल प्रेम से जीतो
अगर सठ मिले तो त्वरित हटो ।
गाँव के ढेकी चक्की में जैसे
आवश्यक है तो उसको कूटो ।
देश की सेवा सबसे पहला कर्म
माँ की सेवा ही है कर्तव्य व धर्म ।
अहंकारी ग़द्दारी को न करना माफ़
होगा ऐतिसासिक तभी सब सपना ।
उनका अंत तुम्हें है पूरा करना

आज से अभी से ठानो मन में भावना
प्रेम भाव बरसाओ खूब मन से
बनेगा समृद्ध अपना देश हर धन से ।

14. हालात

क्या लिखूँ ,क्या कहूँ मैं तुमसे
ऐसे हैं हालात,
मन करता है ज़ोर ज़ोर से मारूँ
उसको लात ।
किसके बारे में है ये ऐसी बात
शायद समझ गए हो आप ये बात ।
किसको बोली ये न कहूँगी
अंदर की खीझ अभी और सहूँगी ।
फूटेगा फिर विस्फोटक -सा गुस्सा
निकलेगा बारूद-सा बनकर ऐसा ।
जब - जब धरती पर होता अत्याचार
जो धर्म -विरुद्ध हों व सब लाचार
सब्र के बाँध भी टूट - से जाते अहा
टूट जाता अपना भी संस्कार वहाँ ।
आज कुछ ऐसी ही हालत
बनी हुई है देश की अपनी
तब जाकर ये शांतिदूत की
थर- थर काँपा असली भेष भी ।
सदियों से डन की चिड़ियाँ को चुगने
न जाने कितने कबूतर आए यहाँ

हमने अपने धर्म में रहकर सही
न ज़्यादा किए उनपर अत्याचार बस
लालची गिरते गए दिए टाँग पसार ।
इंकार कितना गिरोगे तुम
क्या खाईं से उठ पाओगे तुम?
छोड़ दो अपनी लालच अन्य धन की
चिंता करो ऐ राक्षस! अपने तन की ।
इसी तरह जो खाते अन्य का अंश
देता है भगवान उसे बहुत बड़ा दंश ।
भला नहीं कभी होगा देखो तुम
बदलो अपनी ये लत और सुधरो
नहीं तो अब पानी सर से ऊपरो ।
फिर ऐसी हालात का तुम
करो ना निर्माण
स्वतः ही उसमे गिरोगे ऐसे
मिट्टी में होगा जल्द तेरा निर्वाण ।

15. हड़पना

बचपन से ही छोटी- मोटी
मैंने देखा हड़पना
चाहे घर के किस्से हों या
हो पड़ोसी के किस्से ऐसे
गौर से से परखा था मैंने
और देखा था उनका तड़पना ।
भाई - भाई भी रहते ना अपना
जब मन में खोट है भाव हड़पना ।
जीवन सुखी नहीं रहता फिर भी उनका जारी रहता हरदम रोना धोना
किसी का हिस्सा भी जिसने खाया
वो जीवन - भर बहुत पछताया ।
पर समझ में कहाँ ये आती बात !
जब तक कलह - लड़ाई झगड़े
ना हो घात- प्रतिघात ।
समय रहते सब सोच लो भाई
जब हमने प्रेम -सौहार्द लुटाई
फिर तुम क्यों खोद रहे हो खाईं !
अपनी जितनी लंबी चादर
उतनी ही पाँव पसारो बिरादर
वरना कलियुग के चंगुल में

बहुत ही बढ़ता जाएगा निरादर ।
अपना खाना,प्रेम से रहना
बड़ा ही सुखद लगता है
फिर भी ये प्यारी बात सभी को
क्यों ना मन को जँचता है ।
सुदामा ने भी जरा - सा हिस्सा
खाया था मित्र कृष्णा का
हुए वहीं कंगाल वो ब्राह्मण
ठगे थे जो कृष्ण भगवन को ।
जो है जिसका उसे सम्भालो
न मारो तुम डंक
बड़ा भयावह ही होता है
इसका परिणाम और दंश।
घर के जैसा ही देश पर
होता रहता घोर अत्याचार
कितना सहें कितना रोकें अरे!
एक दिन निश्चय मचेगा हाहाकार ।
बंद करो आततायियों
अपना ये हड़पना
वरना हम भी छोड़ेंगे नहीं
बढ़ जाएगा तेरा तड़पना ।

16. प्यारा पल

कहते है मूल से अतिशय
प्यारा होता है सूद ,
यह सत्य सब लगने लगता
जब पूरी होती ये मुरीद ।
नानी - दादी बनकर जो
मिलता सुख असीम
कोई नहीं कर सकता वर्णन
जब तक खिला नहीं उपवन ।
नाती पहले आकर फूँक दिया
ऐसा मंतर ,हृदय शीतल किया
और हो गया वो बस निर्मल ।
बहुत दिनों के बाद आया सुखद पल
जीवन सफल लगा, धन्य हुआ ये मन
बस ऐसे अहसास - मात्र से
नाच उठता हृदय - तल
उसकी छोटी तोतली - बातें
व मुस्कान कर देती मुझे विह्वल ।
भाव - विभोर हो जाता मन और
घर में सुख की किरण जाता खिल
जब रहते एक साथ हम उसके

क्यों न हों वो ,चाहे छोटा पल ।
नानी के बाद फिर बनी मैं दादी
बन गई मैं जैसे बड़ी शहजादी ।
एक के बाद एक और परी
इतनी प्यारी सुंदर न्यारी
आ गई ऐसे लेके सारी
फिर बनी मैं सुपर शहजादी !
अहा !क्या अहसास हुआ
लगा कोलाहल ऐसी प्यारी
पूरे हुए सपने नाचनेलगी दादी
जब कि नहीं मिलती थी
मुझको अब इतनी आज़ादी ।
हरपल लगता काश ! और
ताक़त हो खूब शक्ति हो काफ़ी
छोड़ूँ ना इनको कभी और
खेलूँ सब मैं खेल अभी ।
थोड़े पल ही भले हों साथ ।
इस बार ऐसी हुई बात
देने को दुष्टों का था सौगात
सीधे मन से उनको
समझ ना आई बात
बस भड़क उठा मन जब एक साथ
देखा झेला भारत ने कई आघात ।
कारण इनके मेरे बच्चों हुए विकल
लिया फैसला टिकट की आई बात।
हुआ ऐन वक़्त पर टिकट कैंसिल
छुट्टी में न आए मन हुआ बोझिल

हर दिन मेरी प्रिंसेस ,खूब की प्रतीक्षा
आतंकियों के कारण उसकी
और पूरी न हुई सबकी इच्छा ।
बच्चे वर्ष में घर आते जब
तब होती है रौनक सदा।
सबका लड़ना और झगड़ना
भी खूब लगता है कभी प्यारा
काश दादी और नानी को
ऐसा मौक़ा मिलता रहे न्यारा ।
एक पल भी ना मिले फुर्सत
फिर भी चंचल रहती हूँ
ऐसे तो दिन भर बैठे - बैठे
बस कुछ लिखा पढ़ा करती हूँ ।
छुट्टी का हरदम करते हम प्रतीक्षा
एक बार ना मिलो तो भी
बढ़ जाती है प्रेम व इच्छा ।
बच्चों के बच्चे तो सब
लगते है बहुत ही प्यारे
बहुत सुकून देता वो पल
भर जाता ख़ुशी से हर पल
मूल्यवान होता वो जीवन
जिसमे बच्चे के गूँजे तन मन
सूद को पकड़ खिलता ये मन
मूल होता है अपना धन
अमूल्य होता ये सूद का धन ।
तरह तरह के खेल तमाशे
जब बच्चे करते है ऐसे

एकटूक होकर बस जैसे
देखते रहो वो सुंदर पल।
फिर आयेगा वक्त सुनहरा
खिल जाएगा फिर मन विकल ।
खूब जिओ खुशहाल ज़िंदगी
जल्द ही आएगा वो प्यारा पल ।

17. पानी

सबका जीवन है पानी
ये बात है भाई जगजानी ।
पर क्या पानी रखता है कोई
जब करता है अपनी मनमानी ।
पानी उतरा चाल गई बदल
भूल गया सारे उपदेश
कहाँ गया उसका अब भेष
पानी गिरा आँखों का ऐसा
देखे उसको देश - विदेश सारा
पानी रखना घर समाज का
होती है एक बड़ी जिम्मेदारी
पर जिसको पानी की चिंता
नहीं ,वो नाच रहा बारी बारी ।
पानी रखना अपने देश का
उसने बिल्कुल नहीं सीखा है ।
बस पानी - पानी होकर वो
बार बार बस चीखा है ।
ऐसे लोग जो पानी का
करते नहीं कभी सम्मान
पानी -पानी हो जाते है

हर पल पाकर अपमान ।
पानी का अर्थ न पानी समझो
ना ही इसमें इतना उलझो
अपना पानी ख़ुद ही तुमको
दुनिया में उसे बचाना है
ना कि बिन पानी के ही
दुनिया को नंगा नाच दिखाना है ।
पानी जीवन पानी जान
करो सदा अपनी जान क़ुर्बान
अपना पानी रखो सुरक्षित
करने ना दो तुम इसका अहित ।
होगा उसका कल्याण सदा
जो है देता पानी को महत्त्व ज़्यादा ।

18. प्रतीक्षा

एक पल भी कहीं न रुकना
घर जाना बस यही है कहना
आयेंगे दादा- दादी की गुड़िया
लेकर खुशियो के सौग़ात की पुड़िया
घर में होगा कोलाहल व
होगा ऐसा सुहाना पल
पर युद्ध पर किसकी चलती है
विघ्न डाला,टिकट हुआ कैंसिल
हुई बात समय के अनुकूल ।
बच्चों की यादें तेज हुई
जब हो गईं आँखे नम ।
अच्छा हुआ नहीं आए
इतने कोमल सुकुमार मेरे
बढ़ जाता फिर टेंशन ज़्यादा
जब पाती उन्हें परेशान सदा ।
अपने घर कम से कम रहेंगे
वो ख़ुश और चिंता से दूर ।
प्रण किया देश , लेने को बदला
ख़ाली नहीं जाएगा ये जलील हमला
बचायेंगे हर सिंदूर का लाज

देखते रहना ऐ कठोर ज़ालिम ।
सुन लो मेरी बात ये आज
लेंगे हम तो चुन - चुन कर
जो भी किया तूने प्रहार ।
निर्दोषों - निहत्थों पर किया वॉर
कभी ना देखा ऐसा देश
नहीं है जिसमे शर्म जरा
डूब मरो तुम चुल्लू भर पानी में
कैसा मानसिक खेल है तेरा !
छोड़ेंगे नहीं वो नृशंस हत्यारा
होगा तमाम खेल ,देखेगा देश हमारा ।

19. उदासी

अक्सर बिन दस्तक के ही
ऐसे आती है उदासी ,
समझ न आता कैसे आई
भूख न लगती रह जाती प्यासी ।
उथल - पुथल ऐसा अंतर्द्वंद ,
मच जाता जैसे हो रहा हो दर्द ।
अभी जो है मातृभूमि की हालत ऐसी
क्यों न हो एक सच्चे मन में ये उदासी
ऐसे कैसे लोग ,जो करते हैं ऐसा
जिनके लिए जीवन मूल्य शून्य जैसा
जाति -पात और धर्म की आड़ में
करते ऐसे निर्मम कर्म वो
क्यों अचानक पूछ - पूछ कर
करते रहते वो घृणित नरसंहार ।
कसक रह जाती इसकी मुझे
क्यों न रही मैं अब युवा
अब भी भर्ती होकर फ़ौज में
सेवा करती और झलती हवा ।
यहाँ उदासी से मतलब है
क्षुब्ध हो जाता मेरा मन

कभी विकल बेचैन सा रहता
पर माँ की चिंता सताता रहता ।
हिल जाती धरती वैसे हिला मन
कभी ना हो धरती पर ऐसे जन
जो न रख सके सौहार्द व शांति
फिर तो सदा संभव है , ये उदासी ।होती है चिंता खोई रहती मैं अक्सर
कैसे सह लूँ मैं , ये अन्याय निरंतर ।

20. सेवा

प्रेम व श्रद्धा से हरदम युवा करते रहना सबकी सदा सेवा
चाहे वो घर - परिवार का हो
या फिर हो देश की सीमा ।
घर से ही ये भाव पनपता
माता -पिता की बात जो मानता ।
भरते रहते उनमें ऐसे संस्कार
वो करते सेवा औरों की बार बार ।
सेवा- भाव से खिलता देश समाज
माँ से बढ़कर इस दुनिया में
है न कोई ऐसा दूजा
जो हमें लोरियाँ सुनाए
बस करो प्रेम से उनकी पूजा ।
जननी- जन्मभूमि होता है
सबसे ऊपर व बढ़कर
अच्छी शिक्षा व संस्कार
अगर मिले हर घर से ।
मरना मिटना प्रकृति का है
ये सत्य अटल शाश्वत नियम
तो आओ यहाँ मिट जायें हम
जहाँ आवश्यक है धर्म व सेवा ।!

21. माँ

मन की बात मैं क्या बतलाऊँ
कैसे गाऊँ , तुमसे आँख मिलाऊँ ,
वो लोरी मीठी- मीठी माँ से
बिन सुने मैं कैसे सो जाऊँ ।
धधक रहा ये छाती माँ की
आओ ना सब हम शांत कराएँ
माँ की खुशियाँ तब होती है
जब ख़ुश रहते उनके प्यारे बच्चे
सहती रहती अनुचित बात भी
याद - कदा बुरा जो लगता भी।
प्यार से पाला आने ना दिया खरोंच
तो माँ के हृदय पर न दो एक भी चोट
यदि आए उसपर संकट भी अपार
फिर भी हर्षित रहती देती खूब दुलार
प्यार वो ऐसा होता सच्चा
लेते जन्म समझ जाता वो बच्चा ।
हरपल अपनी माँ के बिना
ख़ाली सा पाता है जीवन
आज चुकाना है हम सबको
माँ का ये प्यारा क़र्ज़ रूपी धन ।

न्योछावर की पवित्र भावना
कहीं नहीं पाओगे ऐसा सुख चैन
बस अपनी माँ व मातृभूमि पर करना
रखना सदा ऐसे ही भाव
चुकाओ कर्ज़ माँ की सेवा से
सारे पूरे होंगे जो भी है अभाव।

www.ingramcontent.com/pod-product-compliance
Lightning Source LLC
La Vergne TN
LVHW050820051026
849532LV00008B/3047
* 9 7 8 9 3 7 0 9 2 6 7 6 9 *